THÉORIQUE ET PRATIQUE

DES ACTES SOUS SEING PRIVÉ

PAR

M. F. GILLES

ANCIEN RECEVEUR DE L'ENREGISTREMENT
ET DES DOMAINES

CINQUIÈME ÉDITION

Avec Supplément sur les déclarations et droits de succession

Prix : 2 francs

PARIS

AMAND GIARD, Libraire

16, RUE SOUFFLOT, 16

1889

MANUEL

THÉORIQUE ET PRATIQUE

DES ACTES SOUS SEING PRIVÉ

PAR

M. F. GILLES

ANCIEN RECEVEUR DE L'ENREGISTREMENT

S DOMAINES

CINQUIÈME ÉDITION

Avec SUPPLÉMENT sur les déclarations et droits de SUCCESSIONS

Prix : 2 francs

PARIS

AMAND GIARD, LIBRAIRE

16, RUE SOUFFLOT, 16

1889

PRÉFACE

La faveur avec laquelle ont été accueillies les premières éditions de mon ouvrage me prouve que le but que je me suis proposé en le publiant a été compris et par suite en partie atteint. Aussi n'ai-je pas hésité à faire paraître cette nouvelle édition, persuadé d'avance qu'elle aura le même succès que les précédentes.

Je dois, à ce sujet, tous mes remerciements à MM. les membres de l'Enseignement qui, par leurs nombreuses adhésions, ont contribué pour une large part à ce succès. Beaucoup d'Instituteurs ont même pensé qu'en raison de son côté pratique, ce livre devrait avoir sa place dans toutes les bibliothèques scolaires et publiques.

Le *Manuel théorique et pratique des actes sous seing privé* répond, en effet, à un besoin général, celui d'éviter des frais souvent onéreux quand il s'agit d'actes peu compliqués et ne nécessitant pas le ministère d'un notaire. Il contient toutes les notions dont la connaissance est indispensable pour rédiger soi-même les actes *usuels*. J'ai insisté spécialement sur les indications que doivent comprendre les actes sous seing privé pour être soumis à la formalité de l'enregistrement, sur les délais dans lesquels ils doivent être présentés à cette formalité et sur les tarifs applicables à chacun d'eux. Ces règles, généralement peu connues du public, éviteront, je l'espère, à mes lecteurs des contraventions pouvant entraîner des pénalités quelquefois très fortes, et leur permettront, d'un autre côté, de calculer eux-mêmes d'avance les droits qui leur seront demandés.

Ce livre étant avant tout un ouvrage populaire, j'ai évité à dessein tous les détails qui auraient pu nuire à sa clarté ou qui auraient touché à des questions controversées.

J'ai tracé les modèles des actes de façon à ce qu'en suivant les indications données *en lettres italiques,* on puisse adapter ces modèles à tous les cas particuliers. Pour en rendre d'ailleurs l'usage plus facile, j'ai exposé les règles relatives aux divers actes en suivant l'ordre alphabétique de ces derniers.

Enfin, sur le désir exprimé par un grand nombre de souscripteurs à la première édition de mon ouvrage, m'aidant au surplus de l'expérience acquise dans l'exercice des fonctions de Receveur de l'Enregistrement, j'ai ajouté comme *Supplément* à mon manuel *la manière de préparer les déclarations de successions,* dans les cas ordinaires, avec la nomenclature des droits correspondant à chaque degré de parenté.

J'espère que mes lecteurs sauront apprécier les efforts que j'ai faits pour leur être utile, et je serai toujours heureux d'en recevoir le témoignage.

F. GILLES,

Ancien Receveur de l'Enregistrement et des Domaines.

CHAPITRE PREMIER
OBSERVATIONS GÉNÉRALES

—

Écriture. — Toute personne peut écrire un acte sous seing privé, c'est-à-dire qu'il n'est pas nécessaire que l'acte soit écrit de la main d'une des parties contractantes. Il n'est fait d'exception que pour le testament *olographe*, qui doit être écrit en entier de la main du testateur (Voir le mot : *Testament*), et pour les obligations de sommes ou *billets* (Voir ce qui sera dit à ce mot).

Il n'est même pas indispensable, quoique cela ait lieu dans la pratique, que les simples signataires *approuvent* l'écriture qui précède leur signature.

Signature. — Dans tous les cas, la signature des parties est nécessaire pour la validité de l'acte. La croix ou marque quelconque que l'une des parties aurait apposée, même en présence de témoins, ne saurait être considérée comme une signature ou comme pouvant remplacer une signature. On devra donc forcément avoir recours au ministère d'un notaire, si l'une des parties contractantes ne sait pas signer.

Date. — L'acte sous seing privé doit être daté. La date inscrite sur l'acte fait foi à l'égard des signataires ou de leurs héritiers.

A l'égard des tiers, cette date ne devient certaine que dans les trois cas suivants : 1° lorsque l'acte a été enregistré ; 2° lorsque l'un des signataires est décédé ; 3° lorsque la substance de l'acte a été relatée dans un acte authentique

(Code civil, art. 1328) : c'est-à-dire que, pour les tiers, l'acte ne produit d'effet que du jour d'un de ces trois événements (Voir toutefois ce qui sera dit au mot : *Transcription*, pour les actes translatifs de droits immobiliers).

Il est cependant admis généralement que la date apposée sur une quittance est certaine à l'égard de tous, sans qu'il soit besoin d'un des trois événements ci-dessus énumérés (Voir aussi ce qui sera dit au mot : *Testament*).

Double. — L'acte sous seing privé relatif à un contrat *synallagmatique*, c'est-à-dire contenant des obligations réciproques entre les parties (vente, bail, échange, etc.), doit être fait en autant d'*originaux* qu'il y a de parties ayant un intérêt distinct (Code civil, art. 1325). Il suffit d'un original pour toutes les parties ayant un intérêt commun.

Chaque original doit, en outre, contenir la mention de l'observation de la formalité des doubles (même art. du Code), ce qui s'exprime par ces mots placés au bas de l'acte : *fait double, triple, quadruple*, etc., suivant qu'il y a deux, trois, quatre, etc., parties ayant un intérêt distinct.

Néanmoins, le défaut de mention que les originaux ont été faits doubles, triples, etc., ne peut être opposé par celui qui a exécuté de sa part la convention portée dans l'acte (Code civil, art. 1325).

Enregistrement. — Les actes sous seing privé peuvent être enregistrés dans tous les bureaux d'enregistrement indistinctement, même lorsqu'il s'agit d'actes constatant des mutations immobilières (Loi du 22 frimaire an VII, art. 26).

Lorsqu'un acte sera soumis à un droit proportionnel, la perception de ce droit suivra les sommes et valeurs de 20 fr. en 20 fr., inclusivement et sans fraction (Loi du 27 ventôse an IX, art. 26).

Il ne pourra, en outre, être perçu moins de 0 fr. 25 en principal (soit 0 fr. 32 en ajoutant au droit principal les 2 x^mes 1/2 actuellement en vigueur) pour l'enregistrement des actes et mutations dont les sommes et valeurs ne produiraient pas 0 fr. 25 de droit proportionnel (Art. 3 de la même loi).

Transcription. — La *transcription*, dont nous étudierons plus loin les effets, n'est autre chose que la copie de l'acte sur un registre spécial tenu par le Conservateur des hypothèques. Nous indiquerons, en passant en revue les divers actes sous seing privé, quels sont ceux qui sont soumis à cette formalité. Nous pouvons dire, dans tous les cas, dès à présent, qu'elle s'applique aux transactions ayant pour objet des droits immobiliers et que, d'après la loi du 23 mars 1855, c'est toujours au bureau des hypothèques de la situation des biens que les actes doivent être transcrits.

CHAPITRE II

Bail (1)

NOTA. — Voir au Chap. Ier pour toutes les règles générales relatives aux actes sous seing privé.

Prix. — Le prix du bail doit être indiqué dans l'acte. S'il ne consiste pas en argent, mais seulement en fruits, denrées, marchandises, etc., il sera nécessaire, pour que

---

(1) Nous ne traiterons que des baux les plus usuels, c'est-à-dire des baux d'immeubles.

l'acte puisse être enregistré, que les parties en fassent connaître l'équivalent en argent.

Durée. — L'acte devra mentionner la durée du bail. Il faut se rappeler à cet égard que les maris ne peuvent faire valablement des baux de plus de 9 ans pour les biens de leurs femmes. Il en est de même des tuteurs pour les biens de leurs pupilles, et des usufruitiers pour les biens dont ils n'ont que l'usufruit. Les baux faits par les mineurs émancipés ne peuvent excéder non plus 9 années (Code civil, art. 595, 1429, 1718, 1430 et 481).

Contribution foncière. — La contribution foncière étant de droit à la charge du bailleur, il faudra, pour mettre cette contribution à la charge du preneur, que l'acte contienne une clause expresse à cet égard.

Sous-bail. — Cession. — Lorsqu'il s'agit d'un bail à ferme ou à loyer, le preneur a le droit de sous-louer et même de céder son bail à un autre. Si donc le bailleur voulait interdire au preneur cette faculté en tout ou en partie, l'acte devrait l'exprimer (Code civil, art. 1717). Au contraire, lorsqu'il s'agit d'un bail à moitié fruits, la faculté de sous-louer n'appartient au preneur qu'autant qu'elle lui a été expressément accordée par le bail (Code civil, art. 1763). Le preneur qui voudrait se réserver cette faculté devrait donc faire insérer une clause spéciale à cet égard dans son acte de bail.

Résiliation. — Si les parties sont d'accord pour mettre fin au bail avant l'expiration de sa durée, avec ou sans *indemnité*, cette convention pourra être constatée par un acte de *résiliation*.

Enregistrement. — Les baux sont soumis à un droit de 0,20 % en principal. Ce droit est déterminé par le prix annuel exprimé, en y ajoutant en capital les charges imposées au preneur (Loi du 22 frimaire an VII, art. 15). Supposons, par exemple, une métairie affermée pour 3 ans, à raison de 2,000 francs par an, à la charge par le preneur de payer la contribution foncière qui est de 200 fr. et de donner chaque année au bailleur une certaine quantité de fruits estimés 100 fr. Le droit à 0,20 % sera perçu sur $2,000 + 200 + 100$ ou $2,300$ fr. $\times 3 = 6,900$ fr. : soit 13 fr. 80. En ajoutant 2 x^mes 1/2 actuellement en vigueur, soit 3 fr. 45, le droit d'enregistrement sera en totalité de 17 fr. 25.

Néanmoins, dans le cas où le bail sera fait pour plus de 3 ans, le paiement des droits pourra être fractionné en autant de paiements égaux qu'il y aura de périodes triennales dans la durée du bail (Loi du 23 août 1871, art. 2). Il le sera de droit dans le cas où le bail sera fait pour plusieurs périodes, avec faculté de résiliation à la fin de chacune d'elles (baux faits pour 3, 6 ou 9 ans). Le paiement des droits afférents à la première période sera acquitté lors de l'enregistrement de l'acte, et celui des périodes subséquentes dans le premier mois de l'année qui commencera chaque période.

Dans tous les cas, l'acte devra être présenté à l'enregistrement dans les 3 mois de sa date. A défaut d'enregistrement dans ce délai, le bailleur et le preneur seraient tenus personnellement et sans recours, nonobstant toute stipulation contraire, d'un droit en sus qui ne pourrait être inférieur à 50 fr. en principal. Néanmoins le bailleur pourrait s'affranchir du droit en sus qui lui est personnellement imposé, ainsi que du versement immédiat des droits simples, en déposant son acte à un bureau d'enregistrement dans le délai de 4 mois (Loi du 23 août 1871, art. 14).

Enfin, si l'entrée en jouissance était antérieure à la date de l'acte, le bailleur devrait, dans les trois mois de la date de l'entrée en jouissance, faire enregistrer le bail ou faire la déclaration de la location, sous peine d'un droit en sus au minimum de 50 fr. en principal.

Le droit d'enregistrement sur un acte de cession de bail est également de 0,20 % sur le prix cumulé des années restant à courir.

Il en est encore de même pour le droit à percevoir sur un acte de résiliation de bail, avec cette différence que le droit ne peut être supérieur à 3 fr. en principal.

Tout ce qui a été dit sur les baux relativement à leur présentation à la formalité de l'enregistrement s'applique aux actes de cessions et résiliations de baux.

Transcription. -- L'art. 2 de la loi du 23 mars 1855 assujettit à la formalité de la transcription, au bureau des hypothèques de l'arrondissement dans lequel les immeubles sont situés, les baux dont la durée dépasse 18 ans. Ceux qui n'auraient pas été transcrits ne seraient opposables aux tiers que pour 18 ans au plus. Supposons, par exemple, la vente d'un immeuble loué pour 36 ans. L'acheteur devra respecter le bail pour toute sa durée, s'il a été transcrit, soit avant la date de la vente, soit même après cette date, pourvu que sa transcription ait précédé celle de la vente ; pour 18 ans au plus, s'il n'était pas transcrit alors que la vente a été transcrite.

Modèles de Baux, Cessions et Résiliations de Baux

1° BAIL DE MAISON D'HABITATION

Entre les soussignés :

M..... (*Nom, prénoms, profession et demeure du bailleur*),

Et M..... (*Nom, prénoms, profession et demeure du locataire*) ;

A été convenu ce qui suit :

M... *(nom du bailleur)* loue à M... *(nom du locataire)*, pour *(durée de la location)*, à partir du *(date de l'entrée en jouissance)*, une maison composée de *(désignation des pièces louées)*, située à *(nom de l'endroit, quartier, rue, etc.)*

Ce bail est fait moyennant un loyer annuel de *(prix)*, payable *(terme d'exigibilité)*.

(Indiquer à la suite, s'il y a lieu, et évaluer les charges imposées au locataire en sus de son prix).

Le présent bail est fait, en outre, aux clauses, charges et conditions imposées aux locataires, soit par la loi, soit par l'usage des lieux, et notamment : 1° d'occuper et d'habiter les lieux loués ; 2° de les garnir de meubles et effets mobiliers suffisants pour garantir le gage et le privilège du propriétaire ; 3° de faire pendant la durée du bail toutes les réparations locatives ; 4° de tenir et de rendre en bon état les lieux loués ; 5° de ne pouvoir à la fin du bail exciper de la tacite reconduction (1).

Enfin, le locataire ne pourra céder ni transporter son droit au présent bail sans le consentement exprès et par écrit du propriétaire.

Les frais du présent bail seront à la charge du locataire.

Fait double à. . . . . le. . . . .

2° BAIL A FERME D'IMMEUBLES RURAUX

Entre les soussignés :

(Comme dans le bail précédent).

M... *(nom du bailleur)* afferme à *(nom du preneur)*,

---

(1) Sans cette clause, si, à l'échéance du terme convenu pour la cessation du bail, le preneur restait et était laissé en possession, il s'opérerait un *nouveau bail* en vertu d'une convention présumée que la loi appelle *tacite reconduction*.

pour (*durée de la location*), à partir du (*date de l'entrée en jouissance*).

(Indiquer à la suite, succinctement, la nature, la situation et, autant que possible, la contenance approximative des immeubles affermés).

Tels, les dits immeubles, qu'ils s'étendent et comportent, et que le preneur déclare bien connaître.

Ce bail est fait moyennant (*comme dans le bail précédent pour l'indication du prix, du terme d'exigibilité et des charges imposées au preneur en sus du prix*).

Le bailleur devra faire jouir paisiblement le preneur des biens loués.

Le preneur devra jouir des immeubles loués en bon possesseur et père de famille, en se conformant aux usages du pays en ce qui concerne leur culture et leur entretien. Il devra avertir le bailleur en temps utile des empiétements et usurpations qui pourraient être faits, sous peine d'en devenir personnellement responsable.

Le preneur ne pourra céder ni transporter son droit au présent bail sans le consentement exprès et par écrit du propriétaire, ni exciper à la fin du bail de la tacite reconduction.

S'il s'agit d'un bail d'un corps d'exploitation dans lequel se trouve des bâtiments, ajouter les deux paragraphes suivants :

Le preneur devra entretenir en bon état les bâtiments d'habitation et d'exploitation, et faire pendant toute la durée du bail les réparations locatives, d'après l'usage des lieux.

Il sera tenu de garnir les biens présentement affermés de meubles, fourrages, bestiaux, etc., suffisants pour assu-

rer leur bonne exploitation et garantir le gage et privi-
lége du propriétaire.

Les frais du présent bail seront à la charge du preneur.

Fait double à........................... le............

3° BAIL A MOITIÉ FRUITS D'UNE MÉTAIRIE

Entre les soussignés :

M... (*nom, prénoms, profession et demeure du bailleur*)
et M... (*mêmes indications pour le preneur*),

Il a été convenu ce qui suit :

M... (*nom du bailleur*) donne à (*nom du preneur*), à
titre de colonage partiaire, pour (*durée du bail*), à partir
du (*date de l'entrée en jouissance*), la métairie du (*nom
de la métairie, situation et contenance approximative*),
avec toutes ses dépendances, telle au surplus que le preneur déclare la bien connaître.

Tous les bestiaux qui seront nécessaires à l'exploitation
de la métairie seront fournis à moitié par le preneur et le
bailleur, d'après estimation d'experts à l'amiable ; il en
sera de même des engrais et semences de toutes sortes.

Le bailleur devra faire jouir paisiblement le preneur de
toutes les dépendances de la métairie pendant la durée du
bail et faire toutes les grosses réparations qui seront nécessaires pour l'entretien des bâtiments.

Le preneur devra jouir en bon cultivateur et père de
famille, et avertir le bailleur en temps utile des empiétements et usurpations qui pourraient être faits, sous peine
d'en devenir personnellement responsable.

Il devra entretenir les bâtiments des réparations locatives suivant l'usage des lieux, labourer, fumer, ensemen-
cer les terres, et se conformer d'ailleurs aux usages du
pays pour tout ce qui n'est pas prévu aux présentes.

Tous les fruits, récoltes et produits de toute nature
seront partagés par moitié.

Les profits des bestiaux seront également partagés par moitié entre le preneur et le bailleur qui devront en supporter la perte dans la même proportion, à moins qu'elle ne provienne de la faute du preneur, auquel cas ce dernier en sera seul responsable.

(Indiquer, s'il y a lieu, les autres charges imposées au preneur, telles que redevances, paiement d'impôts, etc.)

Pour fournir une base à la perception des droits d'enregistrement, les parties déclarent évaluer la part du bailleur pour la moitié des fruits, profit des bestiaux et charges imposées au preneur à (*évaluation en argent*) par an.

Fait double à........................ le............

4° CESSION DE BAIL

Entre les soussignés :
(*Noms, prénoms, professions et demeures du cédant et du cessionnaire*),

A été convenu ce qui suit :

M... (*nom du cédant*) cède à (*nom du cessionnaire*), qui accepte aux mêmes conditions que celles établies dans le bail du (*date du bail originaire*), consenti par (*nom du bailleur*), pour (*durée du bail originaire*), à compter du (*date de l'entrée en jouissance dans le bail originaire*), moyennant (*prix et charges du bail originaire, ou, s'il s'agit d'un bail à moitié fruits, part revenant au bailleur, évaluation de cette part et des autres charges, d'après le bail originaire*).

M... (*nom du cessionnaire*) s'engage à remplir toutes les conditions du bail précité envers M... (*nom du bailleur ou propriétaire*) et, par suite des présentes, en demeurera seul garant et responsable.

Si, d'après le bail originaire, le preneur n'a pas le

droit de céder son bail, il faudra faire intervenir le propriétaire ou bailleur dans l'acte de cession, de la manière suivante :

Aux présentes est intervenu (*nom, prénoms, profession et demeure du propriétaire ou bailleur*), lequel, après avoir pris connaissance de la cession du bail ci-dessus, a déclaré y consentir et accepter (*nom du cessionnaire*) comme preneur aux lieu et place de (*nom du cédant*).

Fait double ou triple à................ le.........

5° RÉSILIATION DE BAIL

Entre les soussignés :

(*Noms, prénoms, professions et demeures du preneur et du bailleur*),

A été convenu ce qui suit :

Le bail consenti par (*nom du bailleur*) à (*nom du preneur*), le (*date du bail*), pour (*durée du bail*), à compter du (*date de l'entrée en jouissance*), de (*désignation succincte des biens loués*), moyennant (*prix et charges du bail*), est résilié à compter du (*date de la cessation*).

Si le preneur doit payer une indemnité au bailleur ou réciproquement, en faire connaître le montant.

Fait double à................ le.........

Observations particulières

Les modèles qui précèdent contiennent les conditions habituellement insérées dans les baux et actes y relatifs ; mais il est évident qu'elles ne sont pas de rigueur et qu'elles peuvent être modifiées au gré des parties. On ajoutera même, le cas échéant, d'autres clauses particulières à certaines régions.

§ I. — Dans les pays de l'Ouest, par exemple, il arrive fréquemment que le preneur est tenu de payer tout ou partie des contributions, ce qui s'exprimera de la manière suivante :

« Le fermier acquittera chaque année la totalité (ou
» *indiquer la partie*) des contributions foncières, centimes
» additionnels et autres impôts ordinaires et extraordi-
» naires qui pourront être mis et établis pendant le cours
» du présent bail sur les immeubles loués, sous quelque
» dénomination et pour quelque cause que ce soit. »

Lorsque le montant de ces impôts sera d'une certaine importance, il conviendra de retirer chez le percepteur un *extrait* des contributions dont le coût est de 25 centimes et qu'on annexera à l'acte lors de l'enregistrement. Dans le cas contraire, en effet, le montant des impôts qui constitue, comme cela a été déjà dit, une charge du bail, s'ajoutant au prix pour le calcul des droits d'enregistrement, serait évalué *d'office* par le receveur au quart de ce prix. Or, le chiffre réel des contributions étant presque toujours bien plus faible que cette évaluation, on pourra, en produisant un extrait, réaliser une économie sensible dans les droits d'enregistrement.

§ 2. — On insère encore souvent dans les baux à ferme la condition suivante :

« Le fermier ne pourra prétendre à aucune remise sur
» le prix stipulé ni à aucune indemnité pour raison des
» pertes qu'il pourrait éprouver en cas de grêle, feu du
» ciel, gelée ou coulure, ou tous autres cas fortuits, ordi-
» naires ou extraordinaires. »

Si, en effet, l'acte ne contient aucune mention à cet égard, le fermier a droit, en cas de perte de récolte par suite d'événements fortuits, à certaines indemnités réglées par les art. 1769 et suivants du Code civil.

§ 3. — Enfin, dans les modèles qui précèdent, nous avons supposé que les bestiaux nécessaires à l'exploitation d'immeubles ruraux sont fournis, pour les baux à ferme, en totalité par le preneur, et, pour les baux à moitié fruits, moitié par le preneur et moitié par le bailleur. Cependant, il arrive souvent que c'est le propriétaire des immeubles qui fournit *seul* le fonds de bétail ou *cheptel* attaché à leur exploitation. Ce petit bail des bestiaux n'est qu'un accessoire du bail à ferme ou du bail à métairie ; mais les conséquences n'en sont pas les mêmes dans les deux cas. Dans le bail à ferme, en effet, le fermier a droit à tous les profits que procure le troupeau pendant la durée du bail, c'est-à-dire qu'à sa sortie il doit laisser seulement dans la ferme un fonds de bétail d'une valeur égale au prix d'estimation de celui qu'il a reçu à son entrée (art. 1823 et 1826 du Code civil) ; d'un autre côté, la perte du cheptel, même *totale* et par cas fortuit, est en entier pour le fermier, s'il n'y a convention différente entre les parties. Dans le bail à moitié fruits, au contraire, tous les profits se partagent entre le propriétaire et le métayer qui doit, en outre, laisser à sa sortie une valeur en bestiaux égale à celle existant à son entrée ; le métayer, d'un autre côté, contribue à la perte *partielle*, et la perte totale lui est étrangère (art. 1827 du Code civil).

Voici comment, dans les baux à ferme et à métairie, on devra remplacer la clause relative aux bestiaux quand ils seront fournis par le propriétaire :

« Le preneur jouira, pendant la durée du bail, ainsi que
» le bailleur s'y oblige, du cheptel de bestiaux d'une va-
» leur de (*indiquer la valeur*), attaché à l'exploitation de
» la ferme (*ou de la métairie*). Le preneur ne pourra s'en
» servir que pour la culture des terres de la dite ferme

2

» (*ou métairie*), et, à sa sortie, il sera tenu de laisser une
» pareille quantité et valeur de bestiaux sur la dite ferme
» (*ou métairie*), suivant l'estimation contradictoire qui en
» sera faite par les parties. »

CHAPITRE III

Billets

NOTA. — Laissant de côté les billets commerciaux, nous ne nous oc_
cuperons que de l'acte sous seing privé qui sert à constater les prêts
d'argent entre particuliers et que l'on désigne généralement sous le
nom de *billet*. Le billet est *négociable* (*billet à ordre*) ou *non négociable* (*billet simple*).

§ 1er. — Billet à ordre.

Définition. — Le billet est à ordre, lorsque le *souscripteur* du billet promet de rembourser la somme prêtée,
soit au *prêteur* lui-même, soit à la personne à laquelle le
prêteur aura cédé le titre par *endossement*.

Forme. — Le billet à ordre doit contenir la date à laquelle il a été souscrit, le montant de la somme à rembourser, le nom de celui à l'ordre de qui il a été fait,
l'époque à laquelle le paiement doit s'effectuer (Code de
commerce, art. 188), le taux des intérêts stipulés, la signature du souscripteur. Si le billet à ordre n'est pas écrit
par le souscripteur lui-même, ce dernier doit faire précé-
der sa signature du *bon pour* ou *approuvé*.

Endossement. — C'est l'acte par lequel le prêteur
cède le billet à un tiers en demeurant garant du paiement
à l'échéance. L'endossement doit être daté et énoncer le
nom de celui à l'ordre de qui il est passé (art. 137 du Code
de commerce); il doit être signé par l'endosseur. La

mention de l'endossement se constate habituellement au verso du billet.

Enregistrement. — L'enregistrement du billet à ordre est nécessaire, si l'on veut en faire usage en justice ou dans un acte authentique. Le droit est de 0,50 %, plus les décimes. Ainsi, pour un billet à ordre de 1,500 fr., le droit sera de 9 fr. 38.

§ 2. — Billet simple

Forme. — Comme le billet à ordre, le billet simple doit être écrit en entier de la main du souscripteur, ou du moins, dans le cas contraire, il faut qu'outre sa signature, il ait écrit de sa main un *bon* ou un *approuvé*, portant en toutes lettres la somme prêtée. Il n'y a d'exception que dans le cas où l'acte émane de *marchands, artisans, laboureurs, vignerons, gens de journée et de service*, qui peuvent souscrire un billet valable sur simple signature (Code civil, art. 1326).

Cession, Endossement. — La propriété d'un billet simple peut être cédée à un tiers par une cession ou un endossement inscrit au dos du titre ; mais cette cession n'est valable à l'égard du débiteur qu'autant qu'elle lui aura été signifiée, ou qu'il l'aura acceptée dans un acte authentique (Code civil, art. 1690).

Enregistrement. — L'enregistrement du billet simple sera nécessaire, si l'on veut en faire usage en justice ou dans un acte authentique. Le droit est de 1 %, plus les décimes. Ainsi, pour un billet simple de 1,500 fr., le droit sera de 18 fr. 75.

§ 3. — Dispositions communes aux billets à ordre et aux billets simples

Timbre. — Les uns et les autres doivent être rédigés sur timbre proportionnel, sous peine d'une amende de 6 %

en principal contre chacun des souscripteurs, accepteur ou endosseur (Loi du 5 juin 1850, art. 4).

Le droit de timbre est actuellement de 0,05 c. par 100 fr. ou fraction de 100 fr. (Loi du 2 août 1881, art. 5).

Comme au dessus de 1,000 fr. il n'y a pas de coupons de fractions de 1,000 fr., il pourra être fait usage pour le paiement du droit complémentaire d'un ou de plusieurs timbres proportionnels mobiles de fractions de 1,000 fr. collés sur la feuille de timbre proportionnel ordinaire. Ainsi, pour un billet de 1,800 fr., on collera sur un coupon de 1,000 fr. un timbre proportionnel mobile de 800 fr. Ce timbre devra être *oblitéré* par le souscripteur au moment même de son apposition. L'oblitération consiste dans l'inscription à l'encre noire usuelle et à la place réservée à cet effet sur le timbre mobile : 1° du lieu où l'oblitération est opérée ; 2° de la date (quantième du mois et millésime) à laquelle elle est effectuée ; 3° de la signature du souscripteur (Loi du 19 février 1874, art. 3). On peut même se servir de ces timbres mobiles pour souscrire un billet d'une somme quelconque sur papier libre, en observant les règles d'oblitération ci-devant indiquées.

Modèles de Billets à ordre, Endossements
et Billets simples.

1° *Billet à ordre*

Bordeaux, le 25 juillet 1889.

Au quinze novembre prochain, je paierai à M. Rolland, ou à son ordre, la somme de mille francs, valeur de lui reçue comptant, avec intérêt à cinq pour cent par an.

LECLERC.

2º *Endossement*

Payez, à l'ordre de M. Forest, la somme de mille francs, valeur reçue comptant.

Le 10 octobre 1889.   ROLLAND.

3º *Billet simple*

Je reconnais devoir à M. Rolland la somme de mille francs, valeur de lui reçue comptant, laquelle somme je m'oblige à lui remboursér dans un an, avec intérêt à cinq pour cent.

Bordeaux, le 25 juillet 1889.
                                             LECLERC.

CHAPITRE IV

Bornage

—

Nota. — Voir au Chapitre Iᵉʳ pour toutes les règles générales relatives aux actes sous seing privé.

Définition. — Tout propriétaire peut obliger son voisin au *bornage* de leurs propriétés contiguës (Code civil, art. 646). Le bornage est donc l'opération par laquelle deux propriétaires indiquent les limites de leurs propriétés contiguës, en les fixant par des signes visibles et permanents, appelés *bornes*.

Forme. — Lorsque cette opération est faite à l'amiable, on peut la constater et la décrire dans un acte sous seing privé. Cet acte devra désigner aussi clairement que possible les confins et l'étendue des propriétés au bornage desquelles il est procédé, la nature et l'emplacement des bornes, de manière qu'il soit toujours facile, en cas de changement, de reconnaître la configuration de chaque pièce.

Bornes. — Les bornes peuvent être *naturelles* (rivières, rochers, arbres, haies, fossés, chemins, etc.) ou *artificielles* (piquets, pieux, pierres enfoncées en terre, etc.).

Frais. — Le bornage se fait à frais communs, c'est-à-dire *par portions égales*, quoique les propriétés soient de valeurs ou d'étendues inégales. Il y a lieu de remarquer néanmoins que cette règle ne s'applique qu'aux frais de l'acte lui-même, mais non aux *frais d'arpentage* qui, s'il y a lieu d'y recourir, doivent être supportés par chaque propriétaire, proportionnellement à l'étendue de sa propriété.

Enregistrement. — L'acte de bornage n'est pas assujetti à la formalité de l'enregistrement dans un délai déterminé. Il y a cependant intérêt selon nous pour les parties à donner à cet acte une date certaine en le soumettant à cette formalité. Dans tous les cas, l'enregistrement de l'acte de bornage serait nécessaire, si l'on voulait en faire usage en justice ou dans un acte authentique. Le droit est de 3 fr. 75 c., décimes compris.

Modèle d'acte de bornage

Les soussignés (*noms, prénoms, professions et demeures des deux propriétaires*),

Voulant procéder au bornage à l'amiable entre eux de deux pièces de terre contiguës, situées sur le territoire de la commune de....... au lieu dit le.......

Appartenant, à justes titres, l'une à M..., comme (*indiquer l'origine de propriété, si c'est possible*), et consistant en (*nature de la propriété*), d'une étendue de (*contenance*);

L'autre à M... comme, etc. (*mêmes indications que ci-dessus*) ;

Étant du reste d'accord sur la contenance des dites pièces et sur la délimitation à donner à chacune d'elles ;

Ont fixé ainsi qu'il suit les bornes séparatives des dites propriétés :

(Indiquer sommairement les opérations de bornage et désigner très clairement les bornes naturelles ou artificielles prises comme limites et leur emplacement).

Les soussignés s'engagent à tenir la présente convention comme titre définitif de propriété et à en payer les frais par moitié.

Fait double à....... le.......

CHAPITRE V

Compte de Tutelle.

—

Nota. — Voir au Chapitre Ier pour toutes les règles générales relatives aux actes sous seing privé.

Forme. — Le compte que le tuteur doit rendre au mineur devenu majeur doit être l'exposé aussi clair que possible de la gestion du tuteur. Pour arriver à ce résultat, on divisera le compte en deux parties ou chapitres.

Le premier chapitre comprendra *toutes les recettes* que le tuteur a réellement faites pour le mineur, et même les recettes qu'il aurait dû faire, si c'est par négligence qu'il a manqué de les faire.

Le second chapitre contiendra *toutes les dépenses* que le tuteur a faites dans le cours de sa gestion. Il est bon de remarquer, à cet égard, que la loi n'alloue au tuteur que les dépenses *qui sont suffisamment justifiées et dont l'objet a été utile* au mineur (art. 471 du Code civil).

On fera ensuite la différence entre les deux chapitres. Il en résultera ordinairement un excédant de la recette sur la dépense, ou de la dépense sur la recette. Cet excédant constituera le *reliquat* du compte, c'est-à-dire ce dont l'une des parties est débitrice envers l'autre.

Reliquat. — S'il y a excédant de la recette sur la dépense, la somme dont le tuteur sera reliquataire envers le mineur produira *de plein droit* intérêts à compter de la *clôture* du compte (art. 474 du Code civil) ; de plus, la créance du mineur contre le tuteur sera garantie par une hypothèque légale (art. 2,121 du Code civil). Si, au contraire, il y a excédant de la dépense sur la recette, la somme dont le mineur sera reliquataire envers son tuteur ne produira intérêts que du jour de la *sommation* de payer qui lui aura été faite par le tuteur (même article 474 du Code civil).

Délai. — L'action en reddition de compte se prescrit par *dix ans* (art. 475 du Code civil), c'est-à-dire qu'après dix ans du jour de sa majorité, le mineur devenu majeur ne pourra plus réclamer à son ex-tuteur le compte que ce dernier aurait négligé de lui présenter. Il n'est pas besoin d'ajouter qu'il sera de l'intérêt du mineur devenu majeur de se faire rendre ce compte le plus tôt possible ; car il sera d'autant plus facile à établir, et par suite d'autant plus exact, que les opérations de la tutelle seront plus récentes.

Enregistrement. — En principe, l'enregistrement du compte de tutelle n'est pas obligatoire ; mais il est utile pour donner à l'acte date certaine.

Il peut arriver que les recettes et les dépenses constatées soient égales ; dans ce cas, l'acte est soumis au droit fixe de 3 fr. 75, décimes compris. Dans le cas ordinaire où le compte présente un reliquat, si l'acte constate le paiement de ce reliquat, il n'est dû que le même droit ; si, au contraire, l'une des parties reste débitrice envers l'autre, le droit proportionnel à 1 % est seul exigible sur la somme restant due. Par exemple, si le tuteur reste devoir au mineur la somme de 2,875 fr., il sera perçu à 1 % : droit principal, 28 fr. 80 ; x^{mes}, 7 fr. 20 : soit en tout 36 fr.

Modèle de Compte

Entre les soussignés :

(*Noms, prénoms, professions et demeures du tuteur et du mineur*),

A été convenu ce qui suit :

M… (*nom du tuteur*), voulant rendre compte de l'administration qu'il a eue des biens et de la personne de M… (*nom du mineur*), depuis le (*date du commencement de la tutelle*) jusqu'à (*date de la cessation de la tutelle*), en sa qualité de tuteur, à laquelle il a été nommé par délibération du conseil de famille en date du (*rappeler, si c'est possible, la date de cette délibération*), a établi ci-après le tableau des recettes et des dépenses faites dans l'intérêt de son mineur.

§ I. RECETTES :

*Indiquer la date, le montant et la cause de
chaque recette* . . . .
. . . .
. . . .
Total . . . .

§ II. DÉPENSES :

Mêmes indications . . . .
. . . .
. . . .
TOTAL . . . . . .

Excédant de l'actif sur le passif (ou, suivant
le cas, excédant du passif sur l'actif, ou
total égal) . . . .

M... (nom du mineur), reconnaissant l'exactitude de
l'exposé qui précède, déclare que M... (nom du tuteur)
lui a rendu le compte fidèle et exact de sa gestion.

Ajouter ensuite l'une des quatre formules suivantes :

**1re Hypothèse. — Egalité des recettes et des dé-
penses.**

En conséquence, M... (nom du mineur) donne à M...
(nom du tuteur) décharge complète de sa gestion et
reconnaît qu'il ne lui est plus rien dû par son ex-tuteur.

**2me Hypothèse. — Inégalité des recettes et des
dépenses et paiement du reliquat.**

En conséquence, M... (nom de la partie créancière)
reconnaît avoir reçu de M... (nom de la partie débitrice)
la somme de (montant du reliquat), à laquelle est arrêté
le présent compte.

**3me Hypothèse. — Inégalité des recettes et des dépen-
ses et dette d'une partie du reliquat.**

En conséquence, M... [nom de la partie créancière]
reconnaît avoir reçu de M... [nom de la partie débitrice]
la somme de [montant de la somme payée sur le reliquat].
Quant à la somme [somme restant due] restant encore à
payer, M... [nom de la partie débitrice] s'oblige à en
effectuer le paiement dans [indiquer le délai stipulé], à
compter de ce jour.

**4me Hypothèse. — Inégalité des recettes et des dépen-
ses et dette de la totalité du reliquat.**

En conséquence, M... [nom de la partie débitrice] reconnaît devoir à M... [*nom de la partie créancière*] la somme de [*montant du reliquat*], et s'oblige à en effectuer le paiement, etc. [*comme ci-dessus*].

Fait double à........ le.......

CHAPITRE VI.

Echange

Nota. — Voir au Chap. Ier pour toutes les règles générales relatives aux actes sous seing privé.

Immeuble dotal. — **Signature**. — Si l'un des immeubles échangés est propre à une femme mariée, l'acte doit porter à la fois la signature du mari et celle de la femme, sans le consentement de laquelle l'échange ne serait pas valable.

Origine de propriété. — Il est utile que l'origine de propriété soit établie dans l'acte pour chacun des immeubles échangés par l'énonciation des titres, en vertu desquels les parties ont possédé les immeubles par eux ou leurs auteurs depuis plus de trente ans ; car c'est après ce délai que la prescription est acquise contre toute action en revendication de la propriété.

Soulte. — Si l'un des échangistes reçoit une valeur supérieure à celle de l'autre et qu'en conséquence il soit tenu de payer en retour [*soulte*] une certaine somme, l'acte devra l'indiquer.

Enregistrement. — L'acte d'échange doit être présenté à l'enregistrement dans les trois mois de sa date ; pour qu'il puisse être enregistré, il devra contenir l'évaluation en *revenu* de chacune des parts échangées. A défaut d'enregistrement dans ce délai, chacun des échangistes serait tenu personnellement et sans recours, nonobstant toute stipulation contraire, d'un droit en sus qui ne pourrait être inférieur à 50 fr. en principal [Loi du 23 août 1871, art. 14].

Si le revenu de chacune des parts échangées est le même, le droit d'enregistrement est de 3.50 % en principal sur ce revenu capitalisé par 20 ou 25, suivant qu'il s'agit d'immeubles *urbains* ou *ruraux* (1). S'il y a retour ou plus-value, le droit est payé à raison de 3.50 % sur le revenu de la moindre portion et à 5.50 % sur le retour stipulé ou sur la plus-value résultant de la différence entre les produits de la capitalisation. Ainsi, supposons deux immeubles ruraux échangés : l'un d'un revenu de 20 fr., l'autre d'un revenu de 28 fr., avec stipulation de soulte de 200 fr. Le droit à 3.50 % sera perçu sur 20×25 ou 500, soit 17 fr. 50, et le droit à 5.50 % sur 200 fr.; soit 11 fr.; soit en tout, en ajoutant 2 x^{mes} 1/2 : 35 fr. 63. S'il n'y avait pas de soulte stipulée, le montant des droits serait le même, car le droit à 5.50 % serait perçu sur 28×25 ou 700 fr. — [20×25] ou 500 = 200.

Le droit ne sera que de 0.20 % au lieu de 3.50 % et de 1 % sur la soulte ou plus-value au lieu de 5.50 %, lorsqu'il sera justifié dans un échange d'immeubles ruraux non bâtis, conformément aux énonciations de l'acte : 1° que l'un des immeubles échangés est contigu aux propriétés de celui des échangistes qui le reçoit ; 2° que les immeubles échangés ont été acquis par les contractants depuis plus de deux ans, ou recueillis par eux à titre héréditaire ; 3° que les immeubles échangés sont situés dans le même canton ou dans les cantons limitrophes ;

---

(1) Voir au § 2 du Supplément la définition des immeubles urbains et des immeubles ruraux.

4° que la contenance de la parcelle contiguë aux propriétés de l'un des échangistes ne dépasse pas 50 ares [Loi du 27 juillet 1870, art. 4].

Enfin, d'après la loi du 3 novembre 1884, il ne sera également perçu sur les échanges d'immeubles ruraux que 0.20 %, lorsque les immeubles échangés seront situés dans la même commune ou dans les communes limitrophes. En dehors de ces limites, le droit de 0.20 % ne sera applicable que si l'un des immeubles échangés est contigu aux propriétés de celui des échangistes qui le recevra, et dans le cas seulement où ces immeubles auront été acquis par les contractants par acte enregistré depuis plus de deux ans ou recueillis à titre héréditaire [art. 1]. — Dans tous les cas, le contrat d'échange renfermera l'indication de la contenance, du n° de la section, du lieu dit, de la classe, de la nature et du revenu du cadastre de chacun des immeubles échangés ; et un extrait de la matrice cadastrale des dits biens, qui sera délivré gratuitement, soit par le maire, soit par le directeur des contributions directes, sera déposé au bureau lors de l'enregistrement [art. 2]. Le droit sur les soultes ou plus-value sera dans ces sortes d'échanges de 3.50 % [art. 3].

Transcription. — D'après la loi du 23 mars 1855, il ne suffit pas pour que l'acte ait une date certaine à l'égard des tiers qu'il soit enregistré, il faut encore qu'il soit transcrit sur les registres du bureau des hypothèques de l'arrondissement dans lequel sont situés les immeubles échangés. En effet, si l'un des échangistes venait à aliéner, d'une manière quelconque, l'immeuble qu'il avait donné en échange par un second acte qui serait transcrit avant le premier, ce serait la seconde aliénation qui serait valable et non la première.

Pour faire comprendre l'importance de la transcription, prenons l'exemple suivant : X a cédé à Z un champ A

contre un champ B, par acte du 1er janvier 1889, enregistré le 1er février et transcrit le 1er juillet de la même
année. Par acte du 1er mai 1889, enregistré le 16 juin suivant et transcrit le 18 du même mois, il a vendu à Y ce
même champ A qu'il avait cédé en échange à Z. Ce sera
Y et non Z qui sera propriétaire du champ A, bien que la
date du second acte et celle de son enregistrement soient
postérieures à celles du premier acte, et cela parce que la
transcription du second acte est antérieure à celle du premier.

Il est dû pour la transcription : 1° un droit fixe de 1 fr. ;
2° 0 fr. 50 par rôle de 30 lignes à la page et 18 syllabes à
la ligne du registre de transcription (décret du 9 juin 1866).

Modèle d'Échange

Entre les soussignés :

[*Noms, prénoms, demeures et professions des deux
échangistes*]

A été convenu ce qui suit :

M... [*nom du premier échangiste*] cède et abandonne, à
titre d'échange, avec toutes garanties de fait et de droit, à
[*nom du second échangiste*], qui accepte, pour, celui-ci,
en jouir en pleine et entière propriété, sans troubles ni
empêchements quelconques, à partir du [*date de l'entrée
en jouissance*].

(*Désignation aussi détaillée que possible de l'immeuble cédé*).

D'un revenu brut et annuel de [*indiquer le revenu réel*].

(*Origine de propriété*).

En contre-échange :

M... [*nom du second échangiste*] cède et abandonne,

au même titre, avec toutes les garanties de fait et de droit, à [*nom du premier échangiste*], qui accepte, pour, celui-ci, en jouir en pleine et entière propriété, sans troubles ni empêchements quelconques, à partir du [*date de l'entrée en jouissance*].

(*Désignation aussi détaillée que possible de l'immeuble cédé*).

D'un revenu brut et annuel de [*indiquer le revenu réel*].

(*Origine de propriété*).

S'il y a soulte, ajouter :

Et, attendu que l'immeuble cédé à..... est d'une valeur supérieure à celle de celui qu'i la reçu en contre-échange, M..... s'engage à payer [*date du paiement*] à M..... la somme de [*montant de la somme*] à titre de soulte.

Fait double à.......... le..........

CHAPITRE VII

Marché

—

Nota. — Voir au Chap. Ier pour toutes les règles générales relatives aux actes sous seing privé.

Définition. — Le marché est l'acte par lequel l'une des parties s'engage à faire quelque chose pour l'autre, moyennant un prix convenu entre elles. [Code civil, art. 1710] (1).

---

(1) On voit par cette définition que les marchés peuvent avoir tant d'objets différents qu'il ne serait pas possible d'en donner des modèles dans un ouvrage succinct.

Enregistrement. — Cet acte n'est soumis à l'enregistrement qu'autant qu'il en est fait usage en justice ou dans un acte soumis lui-même à la formalité. Dans ce cas, sont assujettis au droit de 1 % [plus les décimes]: les marchés pour construction, réparations et entretien, et tous autres objets susceptibles d'estimation qui ne contiennent ni vente, ni promesse de livrer des marchandises ou autres objets mobiliers [Loi du 22 frimaire an VII, § 3, nᵒ 1]; et au droit de 2 % [plus les décimes] les marchés relatifs à des livraisons de meubles, récoltes et autres objets mobiliers généralement quelconques [même loi, art. 69, § 5, nᵒ 1].

CHAPITRE VIII

Partage

NOTA. — Voir au Chap. Iᵉʳ pour toutes les règles générales relatives aux actes sous seing privé.

Forme. — Le partage ne peut être *définitif* que si tous les copartageants sont majeurs.

Soulte. — Chacun des copartageants a droit à sa part *en nature* des meubles et immeubles à partager. Dans le cas où les lots sont inégaux, soit qu'il n'ait pas été possible de les faire égaux, soit que telle ait été la volonté des parties, cette inégalité sera ordinairement compensée par un retour en argent [*soulte*] qui sera payé par celui dont le lot excédera la part à laquelle il avait droit. L'acte devra exprimer le montant de cette soulte.

Indications diverses. — L'acte devra contenir le

détail des biens partagés, leur estimation au moins en bloc et la composition détaillée de chaque lot.

Enregistrement. — Le partage, même lorsqu'il concerne des immeubles, n'est pas soumis à l'enregistrement dans un délai déterminé. Cet enregistrement n'est même pas obligatoire, tant qu'il n'est pas fait usage de l'acte en justice ou dans un autre acte soumis lui-même à la formalité. L'enregistrement cependant pourrait être utile pour donner à l'acte une date certaine.

Le partage est soumis à un droit gradué sur le montant de l'actif *net* partagé, c'est-à-dire que, pour la liquidation du droit, on retranche du total de l'actif brut le passif qui grève les valeurs partagées et dont le montant devra être exprimé dans l'acte [Loi du 28 février 1872, art. 1er, n° 5]. Ce droit est fixé à 5 fr. pour 5,000 fr. et au-dessous; à 10 fr. pour des valeurs de 5,000 à 10,000 fr.; à 20 fr. pour des valeurs de 10,000 à 20,000, et ensuite à raison de 20 fr. par chaque valeur de 20,000 fr. ou fraction de 20,000 fr.

Dans le cas où le partage contiendra des soultes, il y aura lieu à la perception d'un droit particulier et indépendant du droit gradué, dont le tarif sera déterminé par la nature des valeurs comprises dans le lot débiteur de la soulte. On l'imputera d'abord sur les rentes sur l'Etat et, dans ce cas, les soultes seront exemptes de droit; ensuite sur les créances à terme [droit de 1 %], en troisième lieu sur les objets mobiliers [droit de 2 %], et enfin sur les immeubles [droit de 4 %].

Ainsi, supposons un partage de valeurs de 150,000 fr., dans lequel un des copartageants a dans son lot pour 5,000 fr. de rentes sur l'Etat, 3,000 fr. de créances, 2,000 fr. d'objets mobiliers et 50,000 fr. d'immeubles, à la charge de payer une soulte de 11,000 fr.; on fera le calcul suivant pour connaître les droits :

Valeurs à partager.   150,000
Soùlte à déduire (valeur passive)   11,000
                                    ————————
          Reste net.   139,000

Droit gradué   140   »
Valeur à imputer sur la soulte et
    exempte de droit. . . 5,000 fr. .   »   »   ⎫
Droit de soulte à 1 0/0 sur 3,000 fr. .   30 » ⎬ 250   »
    —   2 0/0 sur 2,000 fr. .   40 »   ⎪
    —   4 0/0 sur 1,000 fr. .   40 »   ⎭
                                    ————————
Total égal à la soulte . 11,000 fr. .
                  2 x^{es} 1/2. .   .   .   .   .   62 50
                                                 ————————
          Total des droits. 312 50

Modèle de Partage

Nous, soussignés (*noms, prénoms, demeures et pro-fessions des copartageants*),

Voulant sortir de l'indivision existant entre nous au sujet des biens provenant (*indiquer l'origine des biens à partager*),

Avons convenu ce qui suit :

Pour remplir (*nom du premier copartageant*) de (*indiquer la part lui revenant : moitié, tiers ou quart, etc.*) dans les biens à partager, il lui est attribué, à titre de partage, ce qu'il accepte :

(*Détail du lot*).

(*Etablir de même la part de chacun des autres copartageants*).

(*S'il y a soulte, ajouter*) :

Et attendu que le lot attribué à (*nom de celui qui devra payer la soulte*) est d'une valeur supérieure à celui qui a été attribué à (*nom de celui ou de ceux des copartageants à qui la soulte devra être payée*), M... s'engage à payer (*date du paiement*) à M... la somme de (*montant de la somme*), à titre de soulte.

Conditions de partage

Chacun des copartageants prendra les biens qui viennent de lui être attribués dans l'état où ils se trouvent actuellement.

Il souffrira les servitudes passives, apparentes ou occultes, établies par titres ou possessions, dont les immeubles peuvent être valablement grevés, sauf à lui à s'en défendre, s'il y a lieu, et à profiter de celles actives, s'il en existe, le tout à ses risques ou avantages, ainsi qu'il avisera et sans recours contre les autres copartageants.

Abandonnements et Jouissance

De la composition desquels lots, après les avoir examinés, nous reconnaissons être contents et satisfaits, et en conséquence, nous nous faisons réciproquement tous abandonnements et délaissements nécessaires à titre de partage.

Chacun de nous pourra jouir, faire et disposer en toute propriété et jouissance, à compter de ce jour, des biens qui lui ont été attribués, à la charge d'en payer les impôts.

Pour la perception des droits d'enregistrement, les biens sont évalués à... (*indiquer la valeur nette*).

Fait en autant d'originaux que de copartageants, à......
le......

CHAPITRE IX

PROCURATION

—

Notá. — Voir au Chap. I⁰ʳ pour toutes les règles générales relatives aux actes sous seing privé.

Définition. — La *procuration* est l'écrit par lequel une personne (*mandant*) détermine l'acte ou les actes qu'il charge une autre personne (*mandataire*) d'accomplir, de façon à ce que cet acte ou ces actes produisent les mêmes effets juridiques que si le mandant les avait accomplis lui-même.

Forme. — La procuration sous seing privé peut être faite sous telle forme qu'il plaît au mandant. Ainsi, elle peut être donnée par lettre missive et *en blanc*, c'est-à-dire en laissant en blanc le nom du mandataire.

Etendue du mandat. — L'acte sous signature privée indiquera si le mandat est *spécial*, et, dans ce cas, l'acte ou les actes auquel il doit être restreint ; ou *général*, et, dans ce cas, il embrassera toutes les affaires du mandant, ou du moins tous les actes de bonne administration. (Code civil, art. 1988).

Timbre et enregistrement. — Donnée par lettre missive, la procuration peut être rédigée sur papier libre; mais elle doit être soumise au timbre avant toute production en justice ou dans un acte authentique. L'enregistrement sera nécessaire dans les mêmes cas. Le droit sera de 3 fr. 75 avec les décimes, non compris le droit de timbre.

Modèle de procuration spéciale

Je, soussigné (*nom, prénoms, demeure et profession du mandant*),

Donne par ces présentes pouvoir à............, à l'effet de (*indiquer clairement l'objet spécial de la procuration*).

Fait à......... le.........

Modèle de procuration générale

Je, soussigné (*nom, prénoms, demeure et profession du mandant*),

Donne par ces présentes pouvoir à........

A l'effet de gérer et administrer, tant activement que passivement, tous mes biens et affaires quelconques présents et à venir ;

En conséquence, recevoir tous loyers, fermages, intérêts, arrérages de rentes, et autres revenus échus et à échoir ; recevoir aussi tous capitaux qui me sont et pourront être dus en vertu de quel titre que ce soit ;

Louer et affermer par écrit ou verbalement, pour le temps et aux prix, charges et conditions que mon mandataire avisera, tout ou partie des biens meubles et immeubles qui m'appartiennent actuellement ou m'appartiendront par la suite ; passer et renouveler tous baux, les résilier avec ou sans indemnité ; faire dresser tous états de lieux, les approuver, donner et accepter tous congés ; faire faire toutes réparations et constructions et en solder le montant ;

Acquitter toutes les sommes qui pourront être dues par moi, notamment toutes impositions et contributions ordinaires ou extraordinaires, et faire toutes réclamations à ce sujet ;

Faire tous emplois de fonds, soit en placements sur l'État ou sur particuliers, soit en acquisitions d'immeubles ; accepter toutes cessions et transports, et toutes constitutions de rentes perpétuelles ou viagères; passer et accepter tous titres nouvels ;

Vendre tout ou partie des biens meubles et immeubles qui m'appartiennent ou pourront m'appartenir, aux prix, charges et conditions que mon mandataire jugera convenables, recevoir le prix de ces ventes; faire tous échanges, payer ou recevoir toutes soultes ;

Vendre et négocier toutes actions ; transférer toutes inscriptions de rentes sur l'État ; transporter toutes créances avec ou sans garantie ; en toucher le prix ;

Intervenir dans tous actes de transport et délégations, les accepter et les tenir pour dûment signifiés ; faire toutes déclarations; consentir et accepter toutes prorogations; en fixer les conditions et s'obliger à leur exécution ;

Recueillir toutes successions et legs échus ou à échoir, requérir toutes appositions et levées de scellés, ou s'y opposer ; faire procéder à tous inventaires et ventes de meubles ; dans le cours de ces opérations, faire tous dires, réquisitions, déclarations, protestations et réserves ; prendre connaissance des formes et charges des successions et legs, les accepter purement et simplement ou sous bénéfice d'inventaire, même y renoncer ; acquitter les droits de mutation auxquels pourront donner ouverture les dits successions et legs.

Faire procéder à l'amiable ou en justice à tous comptes, liquidations et partages de biens, meubles et immeubles ; fixer toutes soultes et accepter tous abandonnements, cessions et transports ;

En cas de faillite de quelque débiteur, assister à toutes assemblées et délibérations de créanciers, et prendre part à toutes les opérations de la faillite ;

Assister à toutes assemblées et délibérations de parents

et amis, pour nomination de tuteurs, subrogés tuteurs ou curateurs, donner ou refuser toutes autorisations demandées ; accepter telles fonctions qui me seraient conférées et agir pour moi dans ces dites fonctions ;

En cas de difficultés quelconques, citer et comparaître devant tous juges de paix ; transiger, se concilier et, à défaut de conciliation, assigner et défendre devant tous tribunaux et cours compétents ; obtenir tous jugements et arrêts et en poursuivre l'exécution par toutes les voies et moyens de droit ;

De toutes sommes reçues et payées, donner et exiger toutes quittances et décharges, consentir mentions et subrogations avec ou sans garantie, faire main-levée, et consentir la radiation de toutes inscriptions, saisies, oppositions et autres empêchements quelconques, avant ou après paiement; remettre et se faire remettre tous titres et pièces, en donner et retirer décharge ;

Et généralement faire, dans mon intérêt tout ce que les circonstances exigeront, quoique non prévu aux présentes, promettant avoir le tout pour agréable et le ratifier au besoin.

Fait à................. le..............

CHAPITRE X

QUITTANCE

—

Nota. — Voir au Chap. Ier pour toutes les règles générales relatives aux actes sous seing privé

Forme. — La quittance ou reçu sous seing privé ne pourrait s'appliquer à une dette comportant hypothèque. Elle ferait preuve, il est vrai, de la libération elle-même, mais elle n'emporterait pas la mainlevée de l'hypothèque. Il sera nécessaire dans ce cas de passer une quittance notariée.

Timbre. — Les reçus de sommes supérieures à 10 fr. sont soumis à un droit de timbre spécial à 0.10 (Loi du 23 août 1871, art. 18). Quant aux quittances de 10 fr. et au-dessous, elles ne sont exemptes du droit de timbre à 0.10 qu'autant qu'il ne s'agit pas d'un à-compte ou d'une quittance finale sur une plus forte somme (Même loi, art. 20). Le timbre est collé sur le reçu et immédiatement oblitéré par l'apposition à l'encre noire, en travers du timbre, de la signature du créancier et de la date de l'oblitération. (Décret du 27 novembre 1871, art. 2).

Enregistrement. — Une quittance sous signature privée n'est soumise à la formalité qu'autant qu'il en est fait usage en justice ou dans un acte authentique. On admet même généralement qu'une quittance fait foi de sa date par elle-même, sans qu'il soit nécessaire de lui donner date certaine par la formalité de l'enregistrement. Dans tous les cas, le droit est de 0.50 0/0, plus les décimes.

Modèle de quittance

Je, soussigné (*nom, prénoms, profession et demeure de celui qui donne quittance*),

Reconnais avoir reçu de (*nom, prénoms, profession et demeure de celui à qui la quittance est donnée*), la somme de (*montant de la quittance*) pour (*indiquer la cause de la quittance*).

Fait à.................. le.............

(Timbre).

Pour acquit,

Le

Signature.

CHAPITRE XI
SOCIÉTÉ (1)

Nota. — Voir au Chap. Ier pour toutes les règles générales relatives aux actes sous seing privé.

Sociétés d'agriculture. — Ce sont des *sociétés* qui se forment entre plusieurs personnes pour l'exploitation en commun des propriétés rurales. Ce sont généralement *des sociétés universelles de gains*, c'est-à-dire des sociétés dont l'actif comprend : 1° en toute propriété, les meubles que chacun des associés possède au jour du contrat ; 2° encore en toute propriété, les immeubles que les parties pourront acquérir par leur travail pendant la durée de la société ; 3° en jouissance seulement, les immeubles dont les associés étaient propriétaires au temps du contrat, ainsi que les biens qu'ils peuvent acquérir autrement que par leur travail, pendant le cours de la société. (Code civil, art. 1838).

Forme. — Le contrat de société devra indiquer : 1° les noms des associés ; 2° la durée de la société ; 3° la part de chacun des associés dans les bénéfices et pertes de la société ; 4° la nature des apports que chacun des associés fait à la société ; 5° la valeur du capital social. Enfin, si l'un ou plusieurs des associés ont des pouvoirs plus étendus que les autres, l'acte devra l'exprimer et déterminer leurs fonctions.

Enregistrement. — Ces actes ne sont pas soumis à

---

(1) Nous laisserons de côté les sociétés commerciales, pour ne nous occuper que des sociétés civiles les plus communes, les sociétés d'agriculture.

la formalité de l'enregistrement, à moins qu'il n'en soit fait usage en justice ou dans un acte authentique. Ils sont soumis au même droit gradué que les partages. Ce droit est calculé également sur la valeur *nette* des biens mis en société. (Voir le mot *Partage*).

Modèle de Société d'agriculture

Nous, soussignés (*nom, prénoms, profession et demeure de chaque associé*),

Voulant établir entre nous une société universelle de gains pour l'exploitation de (*indiquer succinctement l'objet de l'exploitation*),

Nous avons, par ces présentes, réglé les clauses et conditions civiles de cette société, ainsi qu'il suit :

ARTICLE 1er. — Il y aura, à compter de ce jour, entre nous une société universelle de gains dont la durée sera de (*indiquer la durée de la société ou dire qu'elle est à durée illimitée*), et dont le siège sera établi à (*nom de l'endroit*).

ART. 2. — Le fonds social se composera de tous les biens meubles, effets mobiliers, bestiaux, instruments aratoires et autres objets mobiliers appartenant actuellement aux sociétaires, et des biens de toute nature qu'ils pourraient acquérir avec les valeurs de cette société. Mais les biens appartenant en propre aux associés en meubles et immeubles et ceux qui pourront leur survenir par succession, donation ou legs, ne tomberont pas dans la masse sociale. Ils demeureront, au contraire, la propriété des sociétaires qu'ils concerneront pour en disposer ainsi qu'ils aviseront.

ART. 3. — Les associés devront employer au profit de la société tout leur temps, tout leur travail, toute leur industrie, et en verser tous les produits dans la bourse commune, sans en pouvoir rien détourner à leur profit particulier, sous quelque prétexte que ce soit.

Art. 4. — Les associés ainsi que leur famille seront logés, nourris, habillés, soignés et entretenus aux frais de la dite société, tant en santé qu'en maladie.

Art. 5. — M... (*nom du sociétaire ou des sociétaires chargés de l'administration de la société*) sera le chef de la société et en aura seul l'administration ; mais il devra donner connaissance aux autres de tous les actes de son administration lorsqu'il en sera requis, et devra toujours les consulter lorsqu'il s'agira d'affaires importantes.

Art. 6. — Dans la présente société (*indiquer la part pour laquelle chacun des associés est fondé dans la société*). En cas de dissolution de la société, le fonds social sera divisé en (*nombre de parts*), dont (*indiquer le nombre de parts revenant à chacun des associés*). Les dettes et les pertes seront supportées par les associés dans les mêmes proportions.

Pour la perception des droits d'enregistrement, le fonds social est évalué à (*valeur nette*).

Fait en autant d'originaux qu'il y a de parties, à... le...

CHAPITRE XII

TESTAMENT.

—

Capacité. — Toute personne, autre que celles que la loi déclare expressément incapables de tester, a la faculté de faire son testament par acte sous signature privée.

Sont absolument incapables de tester :

1° Ceux qui ne sont pas *sains d'esprit* (art. 901 du Code civil) ;

2° Les *mineurs* âgés de moins de *seize ans* (art. 903). Les mineurs qui ont *seize ans accomplis* pourront tester, mais seulement *jusqu'à concurrence de la moitié* des biens dont la loi permet aux majeurs de disposer (art. 904) ;

3° Les *interdits*. Il ne faut pas confondre avec les interdits ceux qui sont simplement *pourvus d'un conseil judiciaire* pour cause de faiblesse d'esprit ou de prodigalité. Ces derniers peuvent tester.

Écriture. — Le testament fait par acte sous seing privé doit évidemment être *signé* par le testateur ; mais, à la différence des actes sous seing privé ordinaires, il doit être en outre *écrit en entier et daté de sa main* (art. 970 du Code civil). Cette particularité lui a fait donner le nom de testament *olographe*.

Date. — La date consiste dans l'indication précise des *jour, mois et an* où le testament a été rédigé. Il n'est cependant pas nécessaire que les jour, mois et an soient indiqués en termes exprès : ils peuvent l'être par équipollent ; par exemple, serait valable le testament ainsi daté : Fait le jour de Noël 1888.

La date peut être mise indifféremment, soit au commencement, soit à la fin du testament, soit même au milieu des dispositions qu'il contient. On peut encore à la rigueur l'inscrire après la signature, pourvu qu'elle la suive immédiatement ou qu'elle en soit séparée par un très petit intervalle.

Le testament non daté est complétement *nul*. Le testament olographe fait *foi de sa date* (autre différence avec les actes sous seing privé ordinaires). Ainsi, lorsque le testateur a fait deux testaments incompatibles ou contraires entre eux, c'est le plus récent qui produit son effet (art. 1036 du Code civil).

Révocation. — Un testament peut être *révoqué*, en tout ou en partie, en la forme sous signature *privée* :

1° Par un *testament postérieur* contenant, soit la déclaration expresse de révocation du premier (art. 1035 du

Code civil), soit des dispositions incompatibles avec celles du testament antérieur ou qui y sont contraires (art. 1036). La jurisprudence décide même que l'acte sous seing privé écrit en entier, daté et signé par le testateur, dans lequel ce dernier exprime l'intention de révoquer un testament antérieur, produit cet effet, encore qu'il ne contienne aucun legs et que ce ne soit pas par suite, à proprement parler, un testament.

2° Par l'*aliénation postérieure* (vente, échange, etc.) d'un ou des objets légués (art. 1038).

Différentes sortes de legs. — Les legs contenus dans un testament peuvent être *universels, à titre universel* ou *à titre particulier*.

Le legs universel est celui par lequel le testateur dispose en faveur d'une seule personne ou de plusieurs personnes *conjointement* de tous les biens qu'il laissera à son décès (art. 1003 du Code civil).

Le legs est à titre universel lorsque le testateur lègue :

Soit une fraction des biens dont la loi lui permet de disposer, telle qu'une moitié, un tiers, etc.;

Soit tous ses immeubles ;

Soit tous ses meubles ;

Soit une fraction de ses immeubles ;

Soit une fraction, telle qu'une moitié, un tiers, etc., de tous les biens qu'il laissera à son décès (art. 1010 du Code civil).

Le legs particulier est celui qui n'est ni universel ni à titre universel, tel que celui d'une somme fixe ou de biens individuellement déterminés (une maison, un pré, etc.).

Le legs de la *nue* propriété de tous les biens est considéré comme un legs universel. On doit, au contraire, tenir comme legs particulier le legs de l'*usufruit* de tous les biens.

Dépôt. — Les légataires à quelque titre que ce soit,

pour obtenir l'*exécution* d'un testament olographe, doivent, après le décès du testateur, le présenter au président du tribunal de première instance de l'arrondissement dans lequel la succession est ouverte. Après avoir dressé procès-verbal de cette présentation, le président ordonne le dépôt du testament et du procès-verbal qu'il a dressé chez un notaire par lui commis. (Code civil, art. 1006).

Enregistrement. — Les légataires peuvent, avant d'accomplir les formalités relatives au dépôt, faire enregistrer eux-mêmes le testament olographe. Le droit est de 7 fr. 50 plus les décimes, soit en tout 9 fr. 38.

L'acte de révocation ne contenant ni aliénation ni dispositions testamentaires, ne serait passible que d'un droit de 3 fr. 75 avec les décimes.

Timbre. — En principe, le testament doit être rédigé sur papier timbré ; mais il est tout aussi valable sur papier libre. Seulement, dans ce cas, lors de l'enregistrement de l'acte, les légataires auront à payer, outre le droit de timbre, une amende dont la quotité sera déterminée, tant pour le principal que pour les décimes, par la loi en vigueur à l'époque de la confection du testament.

Modèle de testament olographe.

Je, soussigné (*nom, prénoms, profession et demeure du testateur*), dans la vue de ma mort, ai fait mon testament ainsi qu'il suit :

Je donne et lègue à (*nom, prénoms, profession et demeure du légataire*) l'usufruit et jouissance pendant sa vie de tous les biens meubles et immeubles qui composeront ma succession, avec dispense de donner caution et de faire emploi (1), et sous la réserve du legs ci-après stipulé.

Je donne et lègue à. . . . . une somme de 4,000 fr. Cette somme sera acquittée par mes légataires universels et sera délivrée dans le mois qui suivra mon décès, c'est-à-dire qu'elle ne sera pas soumise à l'usufruit donné ci-dessus.

J'entends, en outre, que ce dernier legs soit délivré franc et quitte de toutes charges, et que l'enregistrement de ce legs ainsi que tous droits de succession et tous autres frais soient supportés par ma succession.

J'institue pour légataires universels de tout le surplus de mes biens, conjointement et chacun d'eux par égale portion (*noms, prénoms, professions et demeures des légataires universels*) ;

Et si l'un d'eux vient à décéder avant moi ou ne puisse ou ne veuille, par suite d'une cause quelconque, recueillir le legs à lui fait, j'entends que sa part soit recueillie (*par l'autre ou par les autres, suivant qu'il y a deux ou un plus grand nombre de légataires universels*) à titre d'accroissement.

Je révoque tous autres testaments que j'ai pu faire antérieurement.

Fait à. . . . . le. . . . .

(Signature du testateur)

Modèle de Révocation totale

Je, soussigné (*nom, prénoms, profession, demeure*) entends, par ces présentes, révoquer dans tout son contenu

---

(1) Voir, aux art. 600 et suiv. du Code civil, les conséquences de cette dispense, qui d'ailleurs peut être supprimée dans le modèle ci-dessus, suivant la volonté du testateur.

le testament que j'ai fait le. . . . . voulant que
ce testament soit nul et sans aucun effet.

Fait à. . . . . le. . . . .

Signature.

Modèle de Révocation partielle

Je, soussigné (*nom, prénoms, profession, demeure*),
entends, par ces présentes, révoquer le legs de (*indiquer
la nature et l'objet du legs*) que j'ai fait à (*désignation du
légataire dont le legs est révoqué*), par testament du. . . . . . .
voulant que ce testament soit et demeure sans effet à
l'égard du dit legs ; mais qu'il continue de subsister et
reçoive son exécution pour toutes les autres dispositions
qu'il renferme, attendu que telle est ma volonté.

Fait à. . . . . le. . . . .

Signature.

CHAPITRE XIII

VENTE

NOTA. — Voir au Chapitre Ier pour toutes les règles générales relatives aux actes sous seing privé.

Forme. — Outre les indications communes à tous les
actes sous seing privé, l'acte de vente devra contenir l'indication de la chose vendue et le montant du prix stipulé.
Spécialement, lorsqu'il s'agira d'une vente d'immeubles
propres à une femme mariée, l'acte devra mentionner que
la vente est faite tant par le mari, pour autoriser sa femme,

que par cette dernière ; de plus, l'acte devra être signé
par le mari et la femme.

Origine de propriété. — Lorsqu'il s'agira des ventes
les plus fréquentes, les ventes d'immeubles, il sera bon
d'établir l'origine de propriété, c'est-à-dire de faire connaître en vertu de quel titre et depuis quand le vendeur
était propriétaire des immeubles.

Immeubles. — Désignation. — L'acte devra, en
outre, indiquer la nature et la situation des immeubles
vendus, et autant que possible leurs tenants et aboutissants, c'est-à-dire le nom des propriétaires voisins.

Contenance. — Différence du 20e. — Dans le cas
où la contenance réelle d'un immeuble diffère d'un vingtième en plus ou en moins de celle exprimée dans l'acte,
le vendeur peut demander une augmentation de prix ou
l'acquéreur une diminution, suivant le cas. Afin de rendre
la vente définitive, il y aura lieu d'expliquer dans l'acte
que le vendeur et l'acquéreur renoncent expressément à
ce droit.

Enregistrement. — Un acte de vente d'immeuble
doit être enregistré dans le délai de trois mois. A défaut
d'enregistrement dans ce délai, le vendeur et l'acquéreur
seraient tenus personnellement et sans recours, nonobstant
toute stipulation contraire, d'un droit en sus de 50 fr. en
principal, au minimum. Néanmoins, le vendeur pourrait,
quant à lui, s'affranchir du droit en sus ainsi que du versement immédiat des droits simples, en déposant son acte
dans un bureau d'enregistrement dans le délai de quatre
mois. (Loi du 23 août 1871, art. 14).

Le droit simple est de 5.50 0/0 en principal sur le prix
exprimé, en y ajoutant toutes les charges en capital. — Si
l'usufruit est réservé par le vendeur, il sera évalué à la
moitié de tout ce qui forme le prix du contrat, et le droit

sera perçu sur le total. (Loi du 22 frimaire an VII, art. 15, n° 6.)

Ainsi une vente pure et simple, moyennant un prix de 1,000 fr., donnera lieu à 55 fr. de droit en principal, soit en ajoutant les décimes, 68 fr. 75. Si l'usufruit était réservé par le vendeur, le droit serait perçu sur 1,500 fr. Il s'élèverait donc à 103 fr. 13, décimes compris.

Transcription. — D'après la loi du 23 mars 1855, il ne suffit pas, pour que l'acte de vente ait date certaine, à l'égard des tiers, qu'il soit enregistré ; il faut encore qu'il soit transcrit sur les registres du bureau des hypothèques de l'arrondissement dans lequel sont situés les immeubles vendus. [Voir pour les effets et le tarif de la transcription, ce qui a été dit au Chap. de l'*Echange*].

Modèle de vente d'immeubles

Entre les soussignés (*noms, prénoms, professions et demeures du vendeur et de l'acquéreur*],

A été convenu ce qui suit :

M... [*nom du vendeur*] vend par ces présentes et s'oblige à garantir de tous troubles, dettes, rentes, hypothèques, évictions et autres empêchements quelconques,

A [*nom de l'acquéreur*], acceptant la vente.

(Désignation des immeubles vendus, nature, contenance, situation, tenants et aboutissants).

Tel que le dit immeuble [*ou les dits immeubles*] se poursuit et comporte avec toutes ses dépendances, sans aucune exception ni réserve.

Il appartenait à [*nom du vendeur*] comme lui provenant (*indiquer l'origine de propriété*) ;

Pour, par [*nom de l'acquéreur*], en jouir, faire et disposer en toute propriété et jouissance, à compter de [*date de l'entrée en jouissance*].

La présente vente est faite aux charges et conditions suivantes :

L'acquéreur prendra l'immeuble vendu dans l'état où il se trouve actuellement.

Il souffrira les servitudes passives, apparentes ou occultes, établies par titres ou possession, dont le dit immeuble *(ou les dits immeubles)* peut être valablement grevé, sauf à lui à s'en défendre, s'il y a lieu, et à profiter de celles actives, s'il en existe, le tout à ses risques et avantages, ainsi qu'il avisera et sans recours contre le vendeur.

Il acquittera à compter de son entrée en jouissance les impôts mis ou à mettre sur l'immeuble vendu.

Il payera tous les frais et droits du présent acte.

En outre, la présente vente est faite pour et moyennant les prix et somme de...

(Prix de la vente et indication que le prix a été payé ou qu'il devra être payé dans tant de temps).

Enfin l'acquéreur et le vendeur renoncent expressément à toute répétition en diminution ou en augmentation de prix, la contenance fût-elle différente de plus d'un vingtième de celle exprimée dans l'acte [1].

Fait double à........... le......

---

(1) Il sera inutile d'insérer cette clause si la contenance n'a pas été exprimée dans l'acte ou s'il s'agit d'une vente d'immeuble bâti.

SUPPLÉMENT

—

Des déclarations de successions

—

§ 1er. — *Principes sur les déclarations de successions. Indications qu'elles doivent contenir.*

Délai. — A moins de circonstances spéciales dans le détail desquelles il serait trop long d'entrer, le délai pour l'enregistrement des déclarations de successions est de *six mois* à compter du jour du décès. (Loi du 22 frimaire an VII, art. 24).

Bureaux où doivent être souscrites les déclarations. — Les biens immeubles doivent être déclarés au bureau de la situation des biens ; les biens meubles, au bureau dans la circonscription duquel ils se seront trouvés au décès de l'auteur de la succession ; les rentes et les autres biens meubles, sans assiette déterminée lors du décès, seront déclarés au bureau du domicile du décédé. (Loi du 22 frimaire an VII, art. 27). Supposons, par exemple, que M. X..., domicilié à Quimper, soit décédé à Paris, où il était venu passer quelques mois avec son mobilier, et qu'il ait laissé dans sa succession des titres de rentes, des créances, une ferme dans le canton de Nogent-sur-Marne et une maison à Marseille. Il y aura quatre déclarations à faire : 1º à Paris, pour le mobilier ; 2º à Quimper, pour les titres de rentes et les créances ; 3º à Nogent-sur-Marne, pour la ferme ; 4° à Marseille, pour la maison.

Forme des déclarations. — Les déclarations de successions doivent contenir les indications suivantes :

1° Les *noms, prénoms, professions et demeures* des héritiers, donataires ou légataires ;

2° Ceux du décédé et de son conjoint, s'il est marié ;

3° Le *lieu* et la *date* du décès ;

4° La *date* et l'*analyse* des testaments ou donations à cause de mort faits par le décédé, ainsi que la date de leur enregistrement ;

5° Le détail des biens composant la succession.

Pour les *meubles proprement dits*, les héritiers doivent déposer à l'appui de leur déclaration un *état estimatif*, article par article, par eux certifié et rédigé sur papier timbré. Ils ne sont pas soumis à cette obligation, lorsqu'il existe déjà un inventaire fait par un officier public ; il suffira, dans ce cas, de rappeler le total de l'estimation à l'inventaire, avec la date, le nom et la résidence de l'officier public devant lequel il a été passé. (Loi du 22 frimaire an VII, art. 27). Toutefois, si l'estimation contenue à l'inventaire est inférieure à l'évaluation résultant d'autres actes estimatifs, passés dans les deux années du décès ou au prix obtenu à la suite d'une vente publique faite dans le même intervalle, c'est l'évaluation supérieure ou le prix de vente qui doit servir de base à la liquidation de l'impôt et non la prisée de l'inventaire. (Loi du 21 juin 1875, art. 3). Dans ce cas, les héritiers devront faire mention de ces actes dans leur déclaration, s'ils ont eu lieu avant cette époque.

Exemple : X... est décédé le 20 janvier 1889. Les meubles proprement dits dépendant de sa succession ont été inventoriés le 3 février suivant et la prisée totale de l'inventaire s'est élevée à 1,200 fr. Le 6 mars 1889, une vente publique de ces meubles a produit 1,450 fr. Les héritiers souscrivent leur déclaration le 10 juillet 1889. Ils doivent déclarer, pour la valeur des meubles proprement dits, 1,450 fr., produit de la vente. En déclarant seulement 1,200 fr., prisée de l'inventaire, ils commettraient une *insuffisance d'estimation* de 250 fr. (Voir au § 3. Droits en sus). Si la vente publique a eu lieu le 23 septembre 1889, c'est-à-dire postérieurement à la déclaration de succession, il est évident que les héritiers ont fait une déclaration régulière en donnant le chiffre de l'inventaire, sauf à l'administration à réclamer un supplément de droit *simple* sur 250 fr., la vente ayant eu lieu dans les deux années du décès.

Pour les *créances*, de quelque nature qu'elles soient, échues ou non échues, elles doivent être détaillées dans la déclaration, alors même qu'elles seraient énumérées dans un inventaire authentique. Il y a lieu de remarquer à ce sujet, ce qui est souvent oublié par les héritiers, qu'il faut déclarer, non seulement le capital de la créance, mais encore les intérêts dus ou courus jusqu'au jour du décès. Si, par exemple, M. X..., décédé le 15 juillet 1889, avait sur M. K... une créance de 600 fr., avec intérêts à 5 % exigibles le 1er janvier de chaque année, et si M. K... était en retard d'une année d'intérêts, la créance à déclarer en capital et intérêts serait de 600 fr. + 30 fr. (un an d'intérêts) + 16 fr. 25 (six mois et quinze jours d'intérêts), soit en tout 646 fr. 25. On comprendra aussi parmi les créances les loyers ou arrérages dus au défunt et ceux en cours d'après la date du décès.

Pour les *rentes* sur l'État et autres titres de même nature, tels qu'actions et obligations de villes ou compagnies, on doit les désigner par leurs numéros et leur nature, et indiquer leur valeur, suivant le cours de la Bourse au jour du décès. Le cours de la Bourse comprenant les intérêts courus depuis le dernier payement du revenu des titres, il n'y a rien à ajouter à la cote à raison de ces intérêts.

Pour les *immeubles*, il y a une distiction à faire : lorsqu'ils ne constituent pas un corps de domaine, les héritiers doivent en donner le détail article par article, c'est-à-dire indiquer la nature, la contenance, le lieu dit et le *revenu réel* de chaque parcelle ; lorsqu'ils constituent, au contraire, un corps de domaine, les héritiers peuvent, après avoir fait connaître la contenance de chaque nature de biens (prés, bois, vignes, etc.), évaluer le revenu en bloc. Enfin, si les immeubles sont loués, soit par acte sous seing privé, soit verbalement, il suffira de donner la contenance totale des biens et leur revenu d'après le bail. C'est du reste ce revenu qui sert *légalement* de base à l'impôt, lorsqu'il existe un bail écrit. (Loi du 22 frimaire an VII, art. 15).

Observations importantes

Les indications qui précèdent sont celles qui sont le plus souvent nécessaires dans les déclarations de successions ; mais il peut y en avoir d'autres à donner suivant les cas.

Contrat de mariage. — Si, par exemple, le décédé était marié, il faudra, autant que possible, faire connaître la date de son contrat de mariage et, dans tous les cas, le régime sous lequel il était marié (régime de la communauté réduite aux acquêts, ou régime dotal, ou régime de la séparation des biens, etc.). Lorsqu'il n'a pas été passé de contrat de mariage, les époux sont mariés sous le régime de la communauté légale (art. 1400 du Code civil). Ce point est très important ; car, d'après chacun de ces régimes, l'attribution des biens peut être différente. Le régime de la communauté surtout, soit légale, soit réduite aux acquêts, donne lieu à des liquidations quelquefois très compliquées et dans lesquelles il serait imprudent de s'aventurer, si on ne connaissait déjà à fond la matière. Il serait préférable, si on n'est pas sûr de soi-même, d'avoir recours à une personne compétente. Nous essaierons toutefois, dans le modèle qui va suivre, de donner quelques renseignements utiles, en prenant pour exemple un cas peu compliqué de liquidation de communauté.

Reprises. — On entend par *reprises* les prélèvements que chacun des époux peut avoir à exercer pour remboursement de dot, d'aliénation de biens propres, etc. Lorsque ces reprises appartiennent à la femme, elles s'exercent d'abord sur les biens communs et ensuite sur les biens propres de son mari ; lorsqu'elles appartiennent au mari, elles s'exercent seulement sur les biens communs. Donc, toutes les fois qu'il s'agira de la déclaration de la succession de la femme, le montant de ses reprises devra être compris, *en totalité*, dans l'actif de la succession ; lorsqu'il s'agira au contraire de la succession du mari, le montant de ses reprises pourra n'y être compris qu'en *partie*, si l'actif de la communauté est insuffisant pour les couvrir.

Biens propres et biens communs. — Il résulte de ce qui précède que, dans les déclarations de successions, il y aura lieu souvent de distinguer deux sortes de biens : 1° les biens *propres* aux époux ; 2° les biens *communs*. Les uns et les autres doivent d'ailleurs être déclarés avec les mêmes détails.

§ 2. — *Valeur imposable.*

Meubles. — Le droit de succession est perçu sur le capital des objets mobiliers proprement dits, créances, titres de rentes, etc., déterminé ainsi que nous l'avons déjà dit.

Immeubles. — Pour les immeubles, il faut distinguer

les immeubles *ruraux* et les immeubles *urbains*. Les immeubles ruraux sont ceux qui, par leur nature ou leur destination, ont un caractère rural, tels que prairies, bois, vignes, bâtiments servant à l'exploitation d'une ferme, etc. Les immeubles urbains, au contraire, sont ceux qui sont principalement affectés à l'habitation ou à un usage soit industriel, soit commercial, tels que maison d'habitation, jardin potager y attenant, usine, emplacement d'un chantier, etc. Pour les premiers, le droit se perçoit sur un capital formé de 25 fois le revenu réel ; pour les seconds, sur un capital formé de 20 fois le même revenu. (Loi du 21 avril 1875, art. 2.)

Usufruit et nue-propriété. — Il peut arriver que la jouissance, ou plus exactement l'*usufruit* d'une partie ou de la totalité des biens, appartienne à certains héritiers et la *nue-propriété* à d'autres. Dans ce cas, le droit se percevra séparément sur la valeur de l'usufruit et sur celle de la nue-propriété. Pour déterminer la valeur imposable de l'usufruit, il n'y aura qu'à prendre la moitié de la valeur imposable de la propriété entière. [Loi du 22 frimaire an VII, art. 14, et 21 juin 1875, art. 2]. Quant à la valeur imposable de la nue-propriété, elle est la même que celle de la propriété entière. En réalité, le droit de succession sera perçu ainsi sur une fois et demie la valeur des biens.

Nue-propriété seule. — Cependant, si les biens compris dans une succession consistent simplement en nue-propriété et que, lors de la première mutation, le droit ait été déjà perçu sur la propriété entière, les héritiers du nu-propriétaire, décédé avant l'extinction de l'usufruit, ne doivent le droit que sur la moitié de la valeur totale des biens. Supposons, par exemple, que le décédé ait laissé une maison qu'il avait achetée sous réserve d'usufruit au profit du vendeur et que ce dernier soit encore vivant. Comme le décédé avait déjà acquitté le droit de vente sur la valeur entière de la maison, ses héritiers ne devront le droit de succession que sur la moitié de cette valeur.

Dettes. — Le droit de succession est dû sur la *masse active* des biens héréditaires, sans déduction du passif, c'est-à-dire sans déduction des *dettes* grevant la succession, de quelque nature qu'elles soient, constatées ou non par actes authentiques. Par exemple, si le décédé a laissé un actif de 50,000 fr. en biens meubles et immeubles ou un passif de 60,000 fr., le droit de succession n'en sera pourtant pas moins dû sur 50,000 fr. C'est le cas de dire : *Dura lex, sed lex.* Les nécessités du budget se sont opposées à l'abrogation souvent réclamée de cette disposition souverainement injuste.

§ 3. — *Du payement des droits.*

Débiteurs des droits. — L'art. 39 de la loi du 22 frimaire an VII porte que les droits de succession seront payés par les héritiers, donataires ou légataires, et que les cohéritiers seront *solidaires.* Par suite, chacun des cohéritiers est *tenu pour le tout* au payement des droits de succession, quelles que soient l'étendue de sa part et la quotité de tarif applicable d'après son degré de parenté. Néanmoins, il n'y a pas de solidarité entre le légataire universel et le légataire particulier, ni entre l'usufruitier et le nu-propriétaire, ni entre le légataire universel et l'héritier réservataire, ni entre les colégataires universels ou les légataires à titre universel.

Droits en sus. — La peine pour *retard* dans la déclaration est d'un demi-droit en sus du droit simple ; elle est d'un droit en sus pour les *omissions* ou *insuffisances* constatées dans les estimations des biens déclarés. (Loi du 22 frimaire an VII, art. 39). Ces peines sont *personnelles,* c'est-à-dire qu'elles s'éteignent par suite du décès des contrevenants. En outre, le demi-droit en sus est prescrit par 10 ans à compter du jour du décès, et le droit en sus par 5 ans pour les omissions et 2 ans pour les insuffisances à partir du jour de la déclaration. Par exception, la prescription est de 30 ans en cas de retard ou d'omission de déclaration de rentes sur l'Etat. (Loi du 8 juillet 1852, art. 26.) Dans tous les cas, il est évident que les héritiers peuvent toujours, avant l'expiration du délai de six mois à compter du décès, réparer les omissions ou insuffisances d'estimation qu'ils auraient commises dans leur déclaration faite avant l'expiration du délai, en acquittant seulement le droit simple sur le montant des omissions ou insuffisances.

Héritiers mineurs. — La loi impose aux tuteurs ou curateurs l'obligation de souscrire les déclarations des successions échues aux mineurs. Par suite, les tuteurs et curateurs encourent personnellement les droits et demi-droits en sus, lorsqu'ils ont négligé de passer les déclarations dans les délais ou qu'ils ont fait des omissions ou des évaluations insuffisantes.

§ 4. — *Tarif des droits de succession.*

Droit principal. — Le droit principal est fixé ainsi qu'il suit :

Ligne directe	1	p. 100
Entre époux	3	p. 100
Entre frères et sœurs, oncles et tantes, neveux et nièces	6 50	p. 100
Entre grands-oncles, grand'tantes, petits-neveux et petites-nièces, cousins germains .	7	p. 100
Entre parents au-delà du quatrième degré		

et jusqu'au douzième 8   p. 100

    Entre personnes non parentes 9   p. 100

Il y a une remarque à faire, relativement aux *enfants naturels* légalement reconnus. Lorsqu'ils recueillent, à *titre de réserve*, une portion déterminée de la succession du père ou de la mère qui les ont reconnus, ou que ces derniers les ont institués *légataires universels*, le tarif applicable est celui de la ligne directe ; lorsqu'au contraire ils recueillent la succession à *défaut de parents au degré successible*, le tarif applicable est celui entre personnes non parentes.

Décimes. — On ajoutera au droit principal 2 x^{mes} 1/2, comme il a été déjà dit pour les droits exigibles sur les actes sous seing privé.

§ 5. — *Modèle de déclaration de succession.*

Succession de M. Durand, Louis, menuisier, époux de Marie Bayle, décédé à Castres le 14 octobre 1889.

Par contrat de mariage passé devant Me Ragot, notaire à Castres, le 25 avril 1865, les époux Durand étaient mariés sous le régime de la communauté réduite aux acquêts. Par le même contrat, les époux se sont donné réciproquement l'usufruit de leurs biens.

M. Durand, qui n'a pas laissé d'héritiers à réserve, a, par testament passé devant Me Ragot, le 17 janvier 1888, enregistré le 7 octobre 1889, institué pour légataires universels ses deux neveux :

1° M. Arsène Durand, horloger à Albi ;

2° M. Hippolyte Durand, boulanger à Castres :

à la charge par eux de payer à M. Octave Durand, son petit-neveu, après le décès de Mme Durand, épouse du testateur, une somme de 1,000 fr. à titre de legs particulier.

La communauté ayant existé entre les époux Durand se compose des biens suivants :

MOBILIER.

1° Objets mobiliers proprement dits [état annexé], ci. . . . . 1,465 » »

2° Créance sur le sieur Fages, suivant obligation passée devant Mᵉ Ragot le 1ᵉʳ janvier 1885, ci. . . . . 6,000 » »

Intérêts dus à 5 0/0 depuis le 1ᵉʳ janvier 1889, soit 10 mois et 14 jours, ci 261 25

3° Obligation sur la ville de Paris, n° 951, 875, au porteur [Emprunt 1871], soit au cours du décès 393 50

Total. 8,119 75

Reprise de la succession :

Prix payé d'aliénation de biens propres au sieur Blanchard (acte Ragot, du 13 septembre 1883), ci 2,000

Reprise de Mᵐᵉ Durand :   } 3,600 » »

Somme d'argent constituée en dot . 1,600

Reste à la communauté 4,519 75

dont moitié à la succession 2,259 88

Report des reprises . . . . 2,000 » »

Total des valeurs mobilières de la succession. 4,259 88

IMMEUBLES DE COMMUNAUTÉ

Maison d'habitation à Castres d'un revenu de 300 fr., soit en capital (300×20), ci . . . . 6,000 » »

dont moitié à la succession, ci . . . . . . 3,000 » »

IMMEUBLES PROPRES A LA SUCCESSION

1° Métairie du Vivier, située dans la commune de Castres, d'une contenance de 25 hectares, affermée à moitié fruits au sieur Bertrand, d'un revenu de 1,500 fr. au capital par 25, ci . . . . 37,500 »»

2° Pré, dit le Pré-Gras, même commune, non affermé, d'une contenance de 80 ares, d'un revenu de 80 fr., au capital par 25, ci . . 2,000 »»

Total. . . . . 39,500 »»

Report des immeubles de communauté . . 3,000 »»

Total des immeubles de la succession. . . 42,500 »»

DROITS SUR LE MOBILIER

A 7 % sur 1,000 fr. (legs particulier) . . . 70 »»

A 6 50 % sur 3,259.88 ou 3,260 fr. . . . 211 90

A 3 % sur 1/2 de 4,259.88 = 2,129,94 ou 2,140 fr. (usufruit) 64 20

DROITS SUR LES IMMEUBLES

A 6 50 % sur 42,500 fr. 2,762 50

A 3 % sur 1/2 de 42,500 fr. = 21,250 fr. ou 21,260 fr. (usufruit). 637 80

Total. 3,746 40

2 x^{mes} 1/2. . . . 936 60

Total des droits . . 4,683 »

La Rochelle, Imprimerie Nouvelle Noël Texier.